QUESTIONS RÉPONSES

DÈS 7 ANS

Passion basket

écrit par **Julien Guérineau**
illustré par **Nicolas Trève**

Nathan

Sommaire

Qui a inventé le basketball ?

C'est James Naismith, pasteur canadien et professeur de gymnastique à Springfield dans le Massachusetts. Alors qu'il cherche à occuper ses étudiants pendant les mois d'hiver, il a l'idée, en 1891, d'installer deux paniers de pêches en bois (panier se dit « *basket* » en anglais) sur les rampes de son gymnase. Aujourd'hui, avec le volley et le football, le basket est le seul sport collectif véritablement planétaire. Le basket est un sport très pratiqué par les femmes. En France, c'est même le sport collectif féminin numéro un, et près de 40 % des joueurs sont des joueuses.

En 1891, James Naismith, professeur de gymnastique canadien, invente le basketball.

INCROYABLE !

Depuis la naissance du basket, le panier est situé à 3,05 m du sol. C'est à cette hauteur, sur les coursives de son gymnase, que James Naismith l'avait installé en 1891.

Tommaso, 7 ans, mini-poussin, s'essaie au tir en course.

Quand peut-on commencer à jouer ?

Il n'y a pas d'âge pour s'initier mais certains clubs de basket en France accueillent les enfants dès 3 ans pour pratiquer du BabyBasket puis du MiniBasket. Les équipements et les exercices sont alors adaptés aux possibilités des apprentis basketteurs. Les paniers sont abaissés, les ballons plus petits, les exercices simplifiés et présentés sous forme de jeux. Les filles et les garçons peuvent s'entraîner et jouer ensemble jusqu'à 11 ans.

▲ **LeBron James, la superstar de la NBA, surnommé « Le Roi » ou « L'élu », s'envole pour un dunk.**

LA NBA fait-elle rêver ?

Ces trois lettres font rêver tous les basketteurs du monde. La NBA, National Basketball Association, est le championnat professionnel américain de basket. Il regroupe 30 équipes divisées en deux groupes géographiques : la Conférence Est et la Conférence Ouest. La saison se déroule d'octobre à avril avec 82 matches, puis des phases finales – les playoffs – pour les 16 meilleures équipes. Les *Los Angeles Lakers* ou les *Boston Celtics* comptent des millions de fans à travers la planète et sont les équipes les plus titrées. La France est, en dehors des États-Unis, le pays du monde le plus représenté en NBA ; lors de la saison 2020/21, 11 Français y jouaient.

NBA

Qui est le meilleur joueur de tous les temps ?

Au basket, Michael Jordan fait l'unanimité. Six fois champion NBA avec les *Chicago Bulls,* deux fois champion olympique, cet arrière d'1,98 m à la détente phénoménale a marqué les années 1980-1990. 10 fois meilleur marqueur de la NBA, il était également redouté pour la qualité de sa défense. À 15 ans il avait pourtant été écarté de son équipe de lycée. Son crâne rasé, ses shorts longs, son élégance dans chacun de ses gestes en ont fait un des athlètes les plus célèbres de la planète. Au point de devenir une marque de sport après sa retraite. Il est désormais propriétaire de la franchise des *Charlotte Hornets.*

Michael Jordan et son mythique numéro 23 des *Bulls*

L'équipe serbe fête sa médaille de bronze aux Jeux Olympiques de Rio 2016.

Les 3 grandes compétitions internationales ?

La Coupe du monde, les Jeux Olympiques et les championnats continentaux (d'Europe, d'Afrique, d'Asie...). Tous ont lieu tous les 4 ans chez les hommes. Les championnats continentaux ont lieu tous les deux ans chez les femmes. La Coupe du monde masculine 2019 en Chine a réuni 32 équipes. La qualification pour les Jeux Olympiques est bien plus compliquée puisque seules 12 équipes iront à Tokyo en 2021.

De gauche à droite : **Michael Jordan, Patrick Ewing, Magic Johnson, Karl Malone** *(à genoux)*, **Charles Barkley, le cinq de rêve des États-Unis aux JO 1992**

Qu'est-ce que la Dream Team ?

La Dream Team, l'Équipe de Rêve en français, est le surnom donné à l'équipe américaine aux Jeux Olympiques de 1992. Elle a largement contribué à rendre le basket populaire à travers le monde. Jusqu'à cette date, les États-Unis n'envoyaient que des jeunes joueurs amateurs aux Jeux, issus des universités du pays.
À Barcelone, pour la première fois, les plus grandes stars de la NBA ont été réunies sous un même maillot avec un résultat spectaculaire : 8 matches joués et 8 victoires écrasantes ! Depuis que les États-Unis jouent avec leurs stars NBA à la Coupe du monde et aux Jeux Olympiques, ils ont remporté 99 matches sur 108. Invaincus depuis 2006, ils ont été battus par la France à la dernière Coupe du Monde en 2019.

INCROYABLE !

Partout dans le monde, les champions reçoivent une médaille pour marquer leur victoire. Mais pas aux États-Unis, où les vainqueurs du championnat NBA se voient offrir... une bague.

CHAMPIONS

▲ **22 septembre 2013 : l'Équipe de France est championne d'Europe pour la première fois.**

Les Bleus sont-ils en haut du panier ?

Oui, depuis 2000 l'Équipe de France monte très souvent sur les podiums des compétitions internationales. Les garçons (en 2000) et les filles (en 2012) sont ainsi allés en finale des Jeux Olympiques. Les masculins ont par ailleurs gagné 2 médailles de bronze à la Coupe du Monde (2014 et 2019). Et les féminines ont remporté 6 médailles lors des 6 derniers Championnats d'Europe. C'est le résultat d'un long travail de formation, et du talent de basketteurs exceptionnels comme Céline Dumerc, la joueuse qui a porté le plus de fois le maillot de l'Équipe de France dans sa carrière, ou Tony Parker, qui a remporté 4 titres NBA et 4 médailles internationales avec les Bleus.

Céline Dumerc a remporté 6 médailles internationales avec les Bleues. Un record ! ▶

Quel est le rôle d'un capitaine ?

Il est en général nommé par l'entraîneur, même si parfois son choix peut faire l'objet d'un vote au sein de l'équipe. Sur le terrain, il est le seul joueur autorisé à dialoguer avec l'arbitre. On compte également sur lui pour faire passer les messages du coach et veiller à la bonne ambiance entre ses coéquipiers. En Équipe de France, le capitaine organise la vie de groupe, choisit la couleur des tenues les jours sans match et distribue même les amendes en cas de retard !

INCROYABLE !

Atteindre la barre des 100 points pour une équipe est déjà une belle performance. Le Turc Erman Kunter a inscrit 153 points à lui tout seul lors d'un match en 1988, record du Monde !

Tony Parker est considéré comme le meilleur joueur français de tous les temps. Il a joué pendant 16 ans avec les Bleus.

Un poussin de Nanterre pose devant le pivot de l'Équipe de France, Rudy Gobert et ses 2,16 m.

INCROYABLE !

Une boule de muscles, Muggsy Bogues (1,59 m), et une tige sans fin, Manute Bol (2,31 m) : ces deux coéquipiers en 1988 aux *Washington Bullets* restent le plus petit et le plus grand joueurs de l'histoire de la NBA.

Faut-il être un géant pour jouer au basket ?

Le basket est un sport de grands, voire de très grands au plus haut niveau. Dépasser les deux mètres est généralement exceptionnel, mais chez les basketteurs professionnels c'est commun. Les très grands gabarits sont particulièrement recherchés. Pivot de l'Équipe de France et joueur majeur en NBA, Rudy Gobert mesure 2,16 m et chausse du 53 ! Lorsqu'il lève les bras, il atteint une hauteur de 2,96 m ; il a juste besoin de se mettre sur la pointe des pieds pour toucher le cercle !

Tous les matches débutent par un entre-deux. L'arbitre lance le ballon entre deux adversaires.

Comment se découpe un match ?

Le football a ses mi-temps ; le hockey sur glace a ses tiers-temps ; le basket, lui, se dispute en quart-temps : quatre périodes de 10 minutes en général, quatre périodes de 12 minutes en NBA. 10 joueurs sur le terrain, 5 d'un côté, 5 de l'autre et l'objectif de marquer le plus de paniers et le plus de points possible. Chaque rencontre débute par un entre-deux : un joueur de chaque équipe se place dans le rond central et l'arbitre lance la balle en l'air entre ces deux adversaires qui doivent la dévier vers un coéquipier.

Alexis Ajinça, pivot de l'Équipe de France, tente de prendre position au rebond.

Le basket est-il un sport sans contact ?

Une fois qu'un joueur a la balle en main, il est interdit à son adversaire de lui donner des coups d'épaule, de le tenir, de le pousser, de le faire tomber ou de le frapper. Mais pour recevoir le ballon, les attaquants doivent se démarquer. Les défenseurs peuvent gêner leur déplacement et les joueurs utilisent leur vitesse mais également leur force pour se positionner au mieux.

Le banc

Les remplaçants s'y installent avec l'entraîneur, son assistant, un médecin, le kiné et un intendant chargé notamment de ranger les équipements.

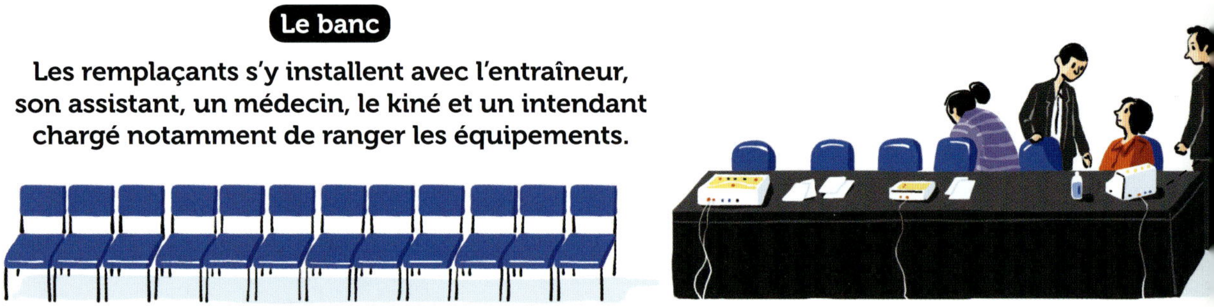

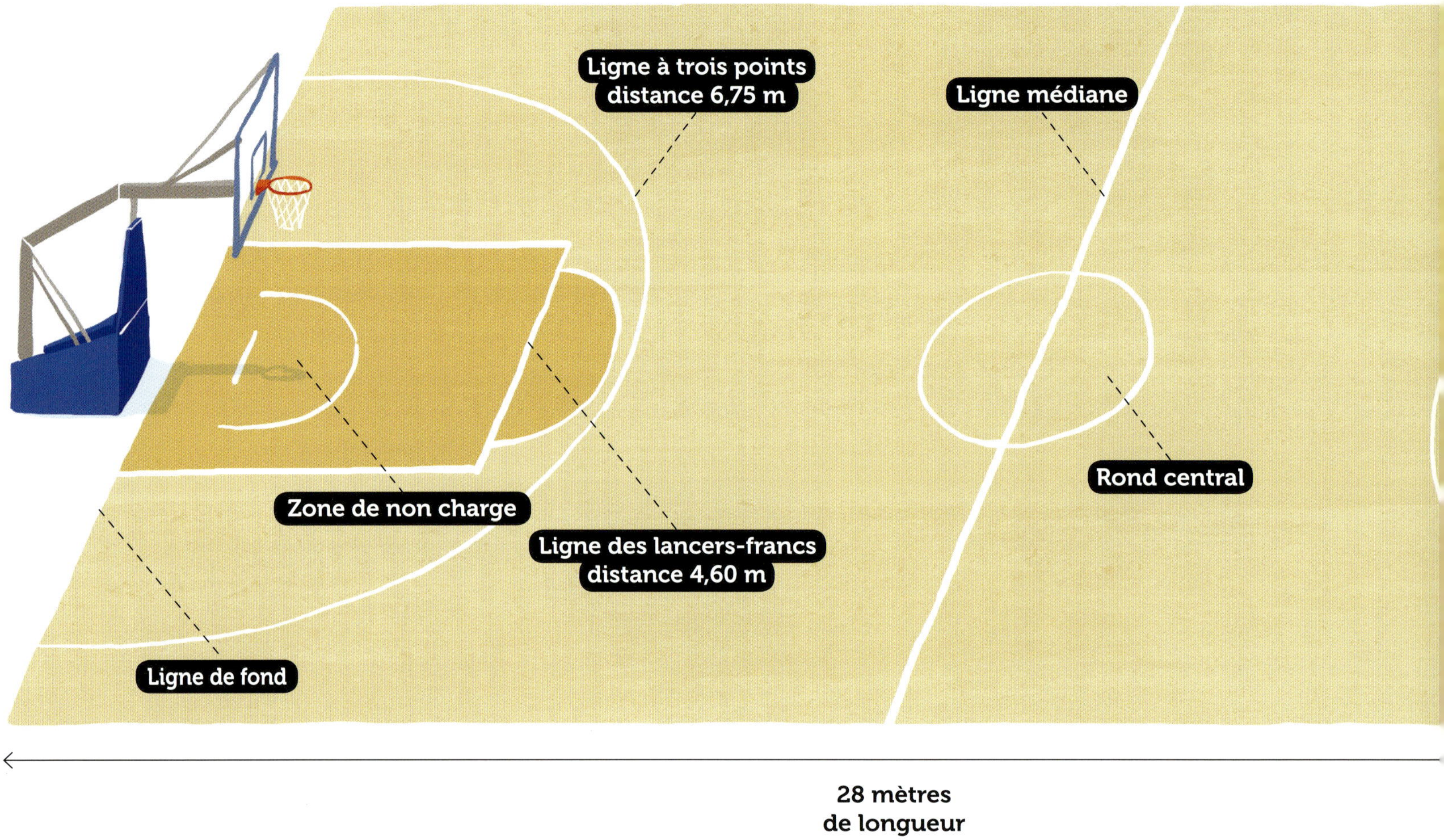

Taille 7

Le ballon des masculins à partir de la catégorie U15*

Taille 6

Le ballon des féminines et des garçons en catégorie U13*

Taille 5

Le ballon des joueurs et joueuses en catégories U9* et U11*

Taille 3

Le ballon des baby basketteurs

◀ Quatre différentes tailles de ballon existent pour accompagner les joueurs en fonction de leur âge.

Qu'appelle-t-on un double-pas ?

C'est le tir au panier le plus répété dès l'école de basket. Un mouvement de base qui consiste à dribbler vers le panier et shooter en course près du cercle, après avoir enchaîné deux appuis. Pied droit en premier, pied gauche en second et tir main droite du côté droit du panier. Pied gauche en premier, pied droit en second et tir main gauche du côté gauche du panier. L'exercice est compliqué au début mais devient très vite naturel. Toutes les équipes, des amateurs aux professionnels, débutent leur échauffement avant les matchs par des séries de double-pas. Tirs en course, tirs en suspension, tirs les pieds au sol, il existe ensuite une multitude de possibilités de tirs au basket. C'est la créativité et les qualités de chaque joueur qui priment au final et qui donnent à chaque tir un caractère différent.

▲ **Seul face au panier, ce joueur effectue un double-pas pour marquer.**

Le moyen le plus simple de marquer un panier est de s'en approcher en dribble avant de réussir un double-pas. ▼

Qu'est-ce qu'un dunk ?

C'est le geste le plus connu et le plus populaire du basket. Il consiste non pas à tirer au panier mais à écraser la balle directement dans le cercle. Très spectaculaire, il nécessite beaucoup de détente et de puissance. Le public l'affectionne tellement que des concours de dunks réunissent des spécialistes, capables d'incroyables exploits dans les airs : se passer la balle entre les jambes, dans le dos, faire un tour complet sur soi-même ou sauter par-dessus une voiture pour dunker !

Yakuba Ouattara fait passer la balle entre ses jambes lors d'un concours de dunks. ▶

▲ **Rudy Gobert, sous le maillot du *Utah Jazz,* dépose la balle dans le cercle pour inscrire 2 points.**

Combien de points par panier ?

Tout dépend de la distance à laquelle le joueur a tiré. Au-delà de la ligne située à 6,75 m (7,23 m en NBA) du cercle, le tir rapportera 3 points à l'équipe qui marque. Il ne vaudra que 2 points s'il est réussi à l'intérieur de cette ligne. Dernière possibilité, lorsqu'un attaquant a été victime d'une faute alors qu'il tirait, l'arbitre lui accorde des lancers-francs. Il est alors seul, sans défenseur, face au panier. S'il marque, il inscrit un point.

INCROYABLE !

Le dunk n'est pas réservé aux géants. Spud Webb, grâce à une détente phénoménale, a remporté le concours de dunks NBA en 1986 du haut de ses 1,70 m.

Le meneur organise le jeu et indique avec ses mains à ses coéquipiers les stratégies à suivre.

Les joueurs se font-ils des signes ?

Constamment. Pas facile sinon de se faire entendre de ses coéquipiers entre le bruit du ballon et celui du public. Les meneurs de jeu utilisent donc leurs mains pour transmettre leurs consignes : une main levée, une main baissée, un poing montré, un doigt pointé, des chiffres. Ces signes sont en fait des indications et correspondent à des déplacements très précis à effectuer. Les joueurs professionnels apprennent par cœur des dizaines de combinaisons, en attaque comme en défense.

Deux doigts levés par le meneur de jeu, et tous ses partenaires se positionnent en fonction de cette annonce.

◀ **Les arbitres, grâce à leur sifflet, arrêtent le jeu à chaque faute ou à chaque violation.**

Quel est le rôle des arbitres ?

Ils sont indispensables au bon déroulement du match. Les arbitres peuvent être trois chez les professionnels, deux ou seul dans les autres niveaux. Ils ont toujours un sifflet autour du cou afin de se faire entendre des joueurs et possèdent une parfaite connaissance du code de jeu. Fautes, violations, temps-morts, remplacements, ce sont eux qui s'assurent que les nombreuses règles et l'esprit du sport sont respectés.

Après chaque coup de sifflet, les arbitres se tournent vers la table de marque pour lui indiquer, avec des gestes, leur décision. ▼

Temps-mort

Marcher

Faute antisportive

▲
L'arbitre a toujours raison, mais le capitaine peut lui demander une explication.

Et si un joueur commet trop de fautes ?

Pas de carton jaune ou rouge au basket. Mais une limite de fautes à ne pas dépasser. À la cinquième, il faudra définitivement rejoindre le banc de touche, sans possibilité de revenir en jeu. En revanche, un remplaçant peut parfaitement prendre la place du joueur éliminé pour que le match se poursuive en 5 contre 5.

Faute

INCROYABLE !

Faute ou pas faute, il est difficile de juger. Pour aider l'arbitre, on parle d'un cylindre imaginaire qui entourerait l'attaquant, et à l'intérieur duquel le défenseur ne pourrait intervenir.

Y a-t-il un esprit basket ?

Solidarité, fairplay et intégration sont des valeurs essentielles au basket. Avec seulement 5 joueurs sur le terrain, impossible de ne pas s'appuyer sur son partenaire. À chaque poste son point fort que l'entraîneur cherchera à mettre en valeur. Et en défense, c'est encore une fois le travail d'équipe qui prime au point que l'expression « aide » est constamment utilisée lorsqu'un joueur est pris de vitesse. Le fairplay est au cœur des matchs. Chez les plus jeunes, tous les joueurs se serrent la main ainsi que celles des officiels de table de marque et des arbitres avant le coup d'envoi.

Les fauteuils des athlètes sont spécialement conçus avec des roues incurvées pour ne pas se coincer les doigts lors des chocs.

Le basket fait-il grandir ?

Non, mais il permet de développer une grande partie des muscles du corps. Les jambes sont mises à contribution lors des courses, des sauts et des arrêts. Les bras et les épaules sont renforcés par les tirs et les passes. La condition physique s'améliore grâce aux incessants allers-retours. Enfin, le basket permet également de travailler la coordination et la précision, pour les plus jeunes mais aussi pour les plus anciens. Au point que désormais les médecins peuvent prescrire la pratique de ce sport à la place d'un médicament ou de séances de kiné !

▲ **L'esprit d'équipe et le souci du collectif sont deux valeurs essentielles au basket.**

Qu'est-ce que le Basket Fauteuil ?

Conçu à l'origine comme une activité de rééducation destinée aux anciens soldats blessés au lendemain de la Seconde Guerre mondiale, le Basket Fauteuil est aujourd'hui très pratiqué pour le plaisir et en compétition dans les clubs. C'est aussi un des sports les plus populaires aux Jeux Paralympiques. Le terrain, le ballon, la hauteur des paniers sont les mêmes que chez les valides. En fonction de son handicap, le joueur est « classifié » de 1 à 5 points (valide). Le total de points d'une équipe au complet sur le terrain ne peut excéder 14,5 points en Nationale A et en Nationale B, les plus hauts niveaux de pratique en France.

Dribbler avec deux ballons est un exercice idéal pour la coordination. ▶

Sous le regard des entraîneurs, les jeunes les plus prometteurs passent les tests d'entrée au Centre Fédéral.

À quoi sert une Fédération ?

En France, la Fédération organise les championnats amateurs. Elle permet ainsi à tous les joueurs, quel que soit leur niveau, de pouvoir participer à un championnat. Le Comité s'occupe des championnats départementaux, la Ligue des championnats régionaux et la Fédération des championnats nationaux. Pour y participer, il faut être inscrit dans un club et souscrire une licence auprès de la Fédération. Cette dernière gère également toutes les équipes nationales, des jeunes aux seniors.

FFBB
FÉDÉRATION FRANÇAISE DE BASKETBALL

L'Équipe de France féminine U18 est l'une des équipes nationales de jeunes gérées par la Fédération.

Comment sont repérés les meilleurs joueurs ?

Adresse, vitesse, détente, dextérité et coordination sont les qualités les plus recherchées chez les basketteurs. Dès 12-13 ans les joueurs peuvent être retenus au sein d'une sélection départementale. Les plus prometteurs seront ensuite convoqués en sélection régionale. Chaque année en France, en décembre, 60 garçons et filles de 14 ans sont réunis par la Fédération Française pour participer à un camp national. 12 d'entre-eux auront la possibilité d'intégrer, à la rentrée suivante, le Centre Fédéral, situé à l'INSEP, dans le Bois de Vincennes à Paris, comme Tony Parker ou Céline Dumerc. Pour les autres rien n'est perdu, les centres de formation des clubs sont prêts à les accueillir. Et surtout, chacun peut progresser à son rythme. Vincent Poirier, qui a intégré l'Équipe de France pour la première fois en 2017, n'a ainsi débuté le basket… qu'à 17 ans !

Le basket 3x3 se joue sur un demi-terrain, avec un seul panier et en plein air.

Le 3 contre 3 aux JO ?

En 2021, aux Jeux Olympiques de Tokyo, le basket ne se disputera pas qu'en 5 contre 5. Une nouveauté sera au programme : le 3 contre 3. Si le but du jeu reste le même, les règles diffèrent. L'épreuve se dispute sur un demi-terrain en plein air ; les paniers valent un ou deux points, les équipes n'ont que 12 secondes pour tirer ; un match ne dure que 10 minutes mais peut s'arrêter plus tôt si une des deux équipes de 3 joueurs parvient à marquer 21 points. Le rythme est donc encore plus rapide que dans le basket traditionnel et attire particulièrement les jeunes.

Lexique

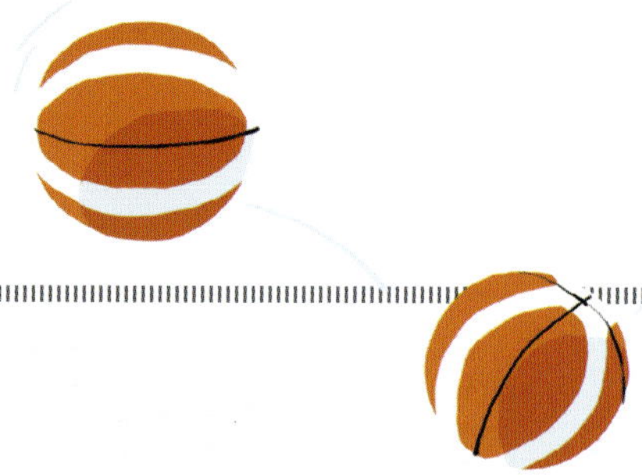

Air ball

Se dit d'un tir totalement raté qui n'a touché ni le cercle, ni la planche. C'est le cauchemar des attaquants.

All Star Game

Match des étoiles en français, c'est une rencontre de gala qui réunit les meilleurs joueurs d'un championnat.

Alley-oop

Action très spectaculaire qui consiste à envoyer une passe lobée vers un joueur qui l'attrapera en l'air pour dunker.

Brique

La variante de l'air-ball. Le tir est tout aussi raté, mais cette fois il n'a fait que violemment heurter la planche.

Buzzer

Sonnerie en français. Si l'horloge des 24 secondes arrive à son terme sans que l'équipe en attaque ait shooté, le buzzer retentit.

Catégories

Il n'y a pas au basket de concept de joueur débutant ou confirmé. Les basketteurs sont classés dans des catégories d'âge.

U5 = Ouistitis
U7 = BabyBasket
U9 = Mini-poussins
U11 = Poussins
U13 = Benjamins
U15 = Minimes
U17 = Cadets
U20 = Juniors
+ de 20 ans = Seniors
+ de 35 ans = Anciens

Cheerleaders

Ce sont des danseuses et des gymnastes impressionnantes, et incontournables lors des animations des temps-morts ou de la mi-temps. Des hommes font parfois partie de ces troupes.

5 majeur

Plutôt que de titulaires, on parlera au basket du 5 majeur. Ce sont les 5 joueurs qui débutent la rencontre.

Claquette

C'est un tir marqué après un rebond offensif et sans avoir contrôlé le ballon, simplement en le déviant dans le panier.

Coast to coast

D'un bout à l'autre du terrain. Réussir un coast to coast, c'est prendre un rebond défensif et aller marquer en dribble sans avoir besoin de passer la balle.

Cross

Changement de direction soudain, réalisé en dribble.

Écran

Tactique qui consiste pour un attaquant sans ballon à se placer sur le chemin d'un défenseur pour permettre à un coéquipier de se démarquer.

Individuelle

S'utilise pour parler du type de défense choisie. Dans ce cas précis, chaque défenseur est responsable d'un attaquant et uniquement de celui-ci. Une équipe peut aussi choisir de défendre en zone. Les défenseurs sont alors responsables d'un secteur du terrain et ne suivent pas les attaquants quand ils se déplacent.

MVP

(Prononcez M-vi-pi). Most Valuable Player en anglais, c'est le meilleur joueur du match ou d'une compétition.

Playground

Les terrains en plein air accessibles à tous, et où se pratique le basket de rue.

Playoffs

Les phases finales sont une tradition au basket. À la fin du championnat, appelé saison régulière, les meilleures équipes s'affrontent en playoffs pour désigner le champion.

Rookie

Mot utilisé pour parler d'un joueur qui joue sa première année professionnelle.

Scouts

On désigne ainsi les recruteurs qui viennent repérer les meilleurs jeunes.

Temps-mort

Arrêt de jeu pendant une minute demandé par l'entraîneur pour lui permettre de donner des consignes à ses joueurs.

Un contre un

Le duel qui oppose l'attaquant à son défenseur, un vrai défi individuel.

L'Éditeur tient à remercier la Fédération française de Basketball (FFBB)
de ses précieux conseils pour l'édition de cet ouvrage.

Textes Julien Guérineau, *Rédacteur en chef Basket-Ball Magazine*
Illustrations Nicolas Trève
Maquette Françoise Maurel
Photogravure Irilys

ISBN : 978-2-09-249268-0 – N° d'éditeur : 10268664
Dépôt légal : juin 2018
Loi n° 49-956 du 16 juillet 1949 sur les publications destinées à la jeunesse,
modifiée par la loi n° 2011-525 du 17 mai 2011.
Achevé d'imprimer en avril 2021 par Pollina (85400 Luçon, France) - 97573

Crédits photographiques
h = haut, b = bas, g = à gauche, d = à droite
Couverture : kcube - Baytur / Shutterstock Illustration : Nicolas Trève
P.4 : © Hervé Bellenger/IS. P.5 : LeBron James © GETTY IMAGES/AFP/Ronald Martinez - P 6 : h © Brian Spurlock/USA Sports/Presse Sports ; b © Hervé Bellenger/IS. - P 7 : © GETTY Images France/Theo Westenberger. - P 8 : h © Hervé Bellenger/IS ; b © Julien Bacot. - P 9 : © Hervé Bellenger/IS. - P.10 : © Jean-François Molière. - P 11 : © Hervé Bellenger/IS. - P.13 : © Presse Sports. - P.15 : © Hervé Bellenger/IS. - P.17 : © Hervé Bellenger/IS. - P 18 : © AFP/Sean M. Haffey/GETTY IMAGES NORTH AMERICA. - P. 19 : © Getty images/Aurélien Meunier. - P. 21 : © Hervé Bellenger/IS. - P 22 : © Julien Bacot. - P. 24 : © Hervé Bellenger/IS. - P. 25 : © FIBA. - Pp. 26-27 : h © FIBA ; p.26 : b © Hervé Bellenger/IS. - P. 28 : h © Hervé Bellenger/IS ; b © FIBA. P. 29 : © FIBA.

mes-questions-reponses.fr
www.nathan.fr

Découvre tous les titres de la collection :